GABRIEL MARC

L'AUVERGNE AUX SALONS

DE 1896

EXTRAIT DE LA *REVUE D'AUVERGNE*

CLERMONT-FERRAND
TYPOGRAPHIE ET LITHOGRAPHIE G. MONT-LOUIS
2, RUE BARBANÇON, 2

1896

LIBRAIRIE ALPHONSE LEMERRE

23-31, passage Choiseul, 23-31

LES BEAUX-ARTS

EN AUVERGNE ET A PARIS

(1868-1889)

PAR

GABRIEL MARC

Sous ce titre : **LES BEAUX-ARTS EN AUVERGNE ET A PARIS (1868-1889)**, la librairie Lemerre a publié un volume d'un caractère très particulier, qui forme la troisième partie de cette trilogie littéraire, inspirée par l'Auvergne, comprenant la Poésie : *POÈMES D'AUVERGNE*, les Contes du pays natal : *LIAUDETTE*, et enfin la Critique d'art. L'Académie française et le public ont accueilli favorablement les deux premiers volumes. Nous pensons que le troisième sera lu avec intérêt, non-seulement par les admirateurs des paysages de montagnes, mais encore par ceux qui se préoccupent du mouvement artistique en général, et qui trouveront dans ce livre des études raisonnées sur les diverses écoles modernes et sur les principales œuvres exposées aux Salons parisiens.

Un volume in-18 jésus. — Prix : 3 fr. 50.

POÉSIES DE GABRIEL MARC

SOLEILS D'OCTOBRE.　　　　LE PUY-DE-DOME.

LA GLOIRE DE LAMARTINE.　　SONNETS PARISIENS.

POÈMES D'AUVERGNE (Mention honorable de l'Académie française.)

(Charpentier, éd.)

THÉATRE

QUAND ON ATTEND ! Comédie jouée au Gymnase par M. Saint-Germain.

PROSE

LIAUDETTE. Contes du pays natal (Ouvrage couronné par l'Académie française.)

(Carpentier, éd.)

GABRIEL MARC

L'AUVERGNE AUX SALONS

DE 1896

EXTRAIT DE LA *REVUE D'AUVERGNE*

CLERMONT-FERRAND

TYPOGRAPHIE ET LITHOGRAPHIE G. MONT-LOUIS

2, RUE BARBANÇON, 2

1896

L'AUVERGNE AUX SALONS

DE 1896

La douzième Exposition des Artistes Indépendants s'est ouverte, en avril, au Champ-de-Mars, dans le palais des Arts-Libéraux.

Nous y rencontrons chaque année, et parmi les plus remarquées, les œuvres de M. Serendat de Belzim, notre compatriote d'origine, dont la famille faisait partie de cette colonie auvergnate qui, vers le milieu du siècle dernier, alla se fixer dans l'Ile-de-France. Les Anglade, les Adrian, les Serendat, de Thiers ou de Lezoux, la composaient et habitaient ce quartier des Pamplemousses, près de Port-Louis, où Bernardin de Saint-Pierre a fait se dérouler les scènes charmantes de sa délicieuse idylle. Il était donc tout naturel que le peintre songeât à interpréter un des épisodes les plus poignants de l'œuvre populaire, celui où le corps de Virginie est retrouvé après le naufrage du Saint-Géran. Car jamais idylle ne mérita mieux de s'appeler *idylle tragique,* par une antithèse qui est venue à la pensée de quelques auteurs contemporains, entre autres de Paul Bourget, qui en a composé le titre de son dernier roman.

C'est donc après avoir habité les lieux mêmes où s'écoula l'enfance de Paul et de Virginie, après avoir vu le Morne du *Coin de Mire*, la mer aux écueils à fleur d'eau qui n'a pas changé depuis le dernier siècle, que M. Serendat de Belzim s'est plu à peindre de souvenir le décor où s'est passé le triste drame immortalisé par Bernardin.

Il a représenté Virginie étendue inanimée sur le sable, encore recouverte de ces vêtements qu'elle n'a pas voulu quitter, et, en s'éloignant quelque peu du texte du livre, Paul, debout devant elle, la figure cachée dans la main, regardant dans une attitude désolée le cadavre de sa fiancée, en ce moment d'inexprimable angoisse où il lui fait les derniers adieux.

Cette toile est remarquable par la pensée et par l'exécution. La vaste mer, qui vient de se calmer, laisse entrevoir les récifs qui ont causé le naufrage du Saint-Géran. Le navire, à demi renversé, flotte à quelque distance de la côte. Le ciel, très nuageux, s'éclaire à droite des premiers rayons du soleil, qui rendent la partie noire encore plus sinistre, et dans le lointain le Morne du *Coin de Mire* dresse dans le ciel son cône sombre et menaçant.

Avec cette grande toile, qui est une des meilleures de l'artiste, il a exposé deux petits tableaux : *Lydia* et *Rosa,* deux figures de femmes très étudiées, pleines de charme et de jeunesse.

Nous ne quitterons pas les Indépendants sans avoir signalé les bonnes fantaisies de Mme Madeleine Saint-Héran : *Pierrot, Parisienne* et *Florentine;* les nombreux paysages que M. Poinat a pris en Souabe, à Lucerne et à La Bourboule, et les jolies études de M. Louis Sabatier, né à Gannat, paysages et natures mortes.

*
* *

Allons maintenant à l'Exposition de la Société nationale des Beaux-Arts, que préside Puvis de Chavannes, et où il a envoyé cinq panneaux, suite des peintures décoratives pour la bibliothèque de Boston. Ces cinq chefs-d'œuvre représentent : la poésie bucolique, Virgile ; la poésie dramatique, Eschyle et les Océanides ; Homère couronné par l'Iliade et l'Odyssée ; l'Histoire évoquant le Passé ; enfin l'Astronomie symbolisée par les bergers chaldéens observant la marche des Planètes.

Mais, sans nous arrêter aux toiles les plus en vue du Salon du Champ-de-Mars, comme la *Cène* de Dagnan-Bouveret, parlons tout de suite de deux portraits très remarqués signés Marie et Cécile Desliens. Celui de la belle dame aux cheveux blancs, à la figure douce et charmante, épuise toute la gamme des tons bleus qui s'harmonisent avec la délicatesse des traits et la grâce infinie de la coiffure. L'autre, un tableau plein de force et de souplesse, est le portrait en pied de M. Martinie, contrôleur général des armées, qu'on n'a pas oublié à Clermont-Ferrand. Il est peint assis, dans une pose très observée, le bras droit replié soutenant la tête énergique, fine, intelligente. Les détails du costume, où dominent le vert foncé et les ors des broderies et des décorations, sont admirablement rendus. L'ensemble fait le plus grand honneur aux deux sœurs, dont la réputation comme portraitistes est si justement établie et méritée.

M. Charles Cottet, né au Puy, continue ses puissantes études qui nous font prévoir une œuvre définitive qui le classera tout à fait hors de pair. Déjà le petit tableau, *Marine*, qui est au Musée du Luxembourg, prouve que ses premiers essais ont été appréciés. Sous le titre général : *Au pays de la Mer*, il a exposé neuf toiles d'une grande force d'observation, d'une remarquable vérité, toujours rudes et d'un coloris brutal, mais prises évidemment sur nature et qui vous arrêtent au passage, comme ce vieux pêcheur à la face rouge et parcheminée, et ces effets de lune ou de soleil couchant dans le port. Une aquarelle de M. Dinet est le portrait réussi du peintre Charles Cottet.

Le pinceau de M. José Frappa est d'une variété remarquable. A côté du *grisou* et des *trieuses de charbon*, où il reproduit les scènes les plus sombres de la vie ouvrière, il a toute une série d'adorables portraits de femmes, aux visages frais et souriants, aux toilettes claires et scintillantes. On peut dire que sa palette est inépuisable et que tous les genres lui sont familiers.

Nous mentionnerons le portrait de M. Baduel, sénateur, par M. Lœvy, et un autre portrait de M. Charles Cottet, par M. René Ménard, le peintre au talent si personnel, qui a reproduit l'intelligente figure de son oncle, Louis Ménard, le savant écrivain, exposée au Musée du Luxembourg.

Notons aussi les jolies miniatures de Mlle Nicolo, née à Clermont, et celles de M. Dinaumare, délicieux portraits de femmes peints sur ivoire.

*
* *

Nous voici au Salon des Champs-Elysées, où une cinquantaine d'œuvres intéressent tout particulièrement l'Auvergne.

Sous ce titre : *Le Consolateur*, M. Cornet, qui s'était abstenu pendant quelques années, a exposé une grande toile parfaitement composée et peinte, que nous avons déjà vue l'an dernier au Salon intime de la Soupe-aux-Choux. C'est le Christ en robe blanche, nimbe au front, qui descend l'escalier d'une église moderne, vers les miséreux groupés au bas. Pauvres et pauvresses, violoneux, enfants déguenillés, chiens d'aveugles, tous les déshérités sont là qui attendent et espèrent. L'artiste a-t-il voulu symboliser le socialisme chrétien ? Nous l'ignorons. Mais il a fait une œuvre intéressante très moderne, et où la présence du Christ près des malheureux en costumes de notre temps, paraît toute naturelle. Aussi bien M. Cornet a étudié et reproduit depuis longtemps ces types de la misère parisienne. On se rappelle plusieurs tableaux où ils sont le sujet principal, entre autres le *Banc de la dèche,* que la gravure a popularisé. Nous ne nous étonnons donc pas qu'il se soit rencontré avec M. Pelez, dont la toile, *l'Humanité,* est un des clous du Salon.

Avec M. Franc Lamy, l'humanité nous apparaît plus séduisante. La belle femme nue, aux cheveux dorés, qui s'appuie au tronc d'un saule, ne nous cache aucun de ses trésors, et sa figure animée, aux regards provoquants, invite même à les admirer sans fausse pudeur. Excellente coloration, ensemble attrayant! La *Belle matinée* n'est pas moins vivante et joyeuse. Quel gai soleil dans l'île verdoyante! Quelles vives couleurs sur les petites vagues de la rivière! Les deux jeunes femmes, en costumes d'été, lilas et roses, la petite fille qui semble une fleur penchée sur l'eau, remplissent la barque aux tons verts, et toutes ces couleurs se reflètent dans la rivière ridée par le vent. C'est un coin de nature vibrante et chaude, admirablement exprimée, avec une audace de pinceau des plus heureuses.

M. Retru, dans un paysage de rêve mythologique, où le bleu sombre d'une nuit ponctuée d'étoiles s'étend sur la mer et les écueils, a évoqué l'ombre pâle de Sapho, au moment où l'amante de Phaon va se précipiter dans le gouffre de Leucade. Cette composition donne une impression de rêve, nous le répétons, et évoque toutes les traditions poétiques de la Grèce. Car le peintre n'est pas allé, croyons-nous, étudier sur place les promontoires de l'ancienne Acarnanie, et son imagination, inspirée par les arêtes des montagnes de Thiers, lui a suffi pour figurer à nos yeux la mort tragique de la grande poétesse.

Les deux toiles du coloriste Maurice Bompard sont des merveilles. Le marché arabe de Biskra, blanc et rouge, sous un ciel bleu, donne la sensation de la chaleur intense. Les perlières de Venise, travaillant en pleine rue, sont vivantes, grouillantes, ensoleillées. Tous les effets de lumière, tous les scintillements, toutes les notes écarlates, toutes les colorations brutales naissent comme par enchantement sous le pinceau de cet artiste doué.

M. Petit-Gérard continue avec succès la reproduction exacte et intéressante des scènes de la vie militaire. Sa batterie de siège est très juste d'observation, et sa rencontre d'un régiment d'infanterie par un corps de cuirassiers, pendant les grandes manœuvres, est d'un excellent effet.

Voici encore des paysagistes.

M. Emile Noirot qui, depuis 1889, a obtenu les trois récompenses qui le mettent hors concours, s'est inspiré d'abord, avec un grand bonheur, de quelques sites sévères des bords de la Loire. Depuis, il a voyagé et, cette année, il nous donne une vue de Monaco très juste d'effet, avec des tons bleus et roses, et une vue du Mont-Saint-Michel, aux teintes violacées. Ce sont de bons tableaux, mais nous préférons ses toiles embrassant un espace moins étendu.

Les bords du Lignon attirent M. Beauverie, l'organisateur de l'Exposition de Clermont. La jolie rivière enserre de ses claires eaux une laisse de sable fin et les arbres verdoient à l'envi sur ses rives, sous un ciel teinté de jaune par les derniers rayons du soleil. M. Beauverie est un amoureux de la nature qu'il interprète sobrement, mais toujours d'une façon intéressante.

Les peintures de M. Ducaruge ne sont pas inférieures à ses fusains qui ont commencé à le faire connaître. Il a pris ses sujets à Bas-en-Basset (Haute-Loire). L'île de la Garenne et le Gué d'Ancette sont deux jolis coins de paysages.

N'oublions pas M. Serrier qui étudie les points lumineux des bords de la Cère, comme un bon élève de Gagliardini. Ses maisons aux toits rouges, se mirant dans la petite rivière, inspirent la joie, le calme et la sérénité.

M. Desbrochers, élève de Jean Desbrosses, qui, cette année, a abandonné l'Auvergne pour la Savoie, nous conduit à Royat, à l'angle d'une vigne d'où l'on découvre le village, entouré de montagnes vertes, avec le puy de Dôme dans le fond. Paysage sans beaucoup d'éclat, mais d'une vérité frappante.

Quant à M. Marius Perret, né à Moulins, il nous mène à La Bourboule, sur le chemin de Fenestre, aimé des peintres. Son petit paysage est très fini, presque une miniature, avec un coloris très délicat et des effets bien rendus. C'est aussi à La Bourboule que le maître Félix de Vuillefroy a trouvé une de ses toiles : un chemin bordé de murailles où dévale un troupeau de vaches rouges, qui nous ont fait songer à un de ses premiers et meilleurs tableaux, la rue d'Allemagne, où les bœufs roux menés à l'abattoir n'expriment pas la joie de vivre comme ceux de La Bourboule.

Un grand nombre de portraits attirent notre attention. Ceux de Mlle Jenny Fontaine sont superbes et lui ont valu une médaille. Pose, coloration des chairs, arrangement des étoffes, tout est à louer dans ces œuvres remarquables.

Un peintre de talent, M. Truphème, a exposé le portrait en pied de M. Farjon, le député d'Ambert; M. Bonis, celui de M. Méliodon, administrateur du Comptoir national d'Escompte.

M. Antoine Mallet, né à Clermont, se fait remarquer à la peinture par une bonne étude, *portrait d'ami,* et à la sculpture par un spirituel buste en plâtre, *petit boudeur.*

Notons les fines miniatures de Mmes Louisa Clère et Marie Le Molt, née au Puy.

Ce sont des portraits aussi et des plus mignons que les petits griffons nivernais et la jolie chienne Saint-Germain, de M. Edmond de Lastic.

Les roses trémières, blanches et lilas, de Mme Ponson du Terrail, forment une excellente étude peinte, comme le panier de chrysanthèmes, de Mlle Thérèse Morange, est une ravissante aquarelle. Mlle Morange, que nous avons déjà applaudie pour ses envois à la Soupe-aux-Choux, débute au Salon des Champs-Elysées.

Nous devons signaler aussi, de M. Pelletier, né à Clermont, un bon pastel, *Pluie d'hiver,* et une mélancolique aquarelle, *Villeneuve-la-Garenne;* de M. Emile Randanne, né aux Pradeaux, près Issoire, un débutant, quatre jolies aquarelles.

Gardons-nous d'omettre les architectes. On nous a déjà reproché de les négliger.

M. Costilhes, dont nous avons souvent cité les paysages et les portraits, a exposé la décoration d'une des portes du grand salon de la préfecture de Clermont-Ferrand et le plafond du salon de lecture du nouvel hôtel de Châtel-Guyon; M. Joseph Bernard, né à Clermont, *Une chapelle de château* et le fond d'une galerie de musée; M. Emmanuel Brun, un groupe de villas dans le midi de la France; M. Pierre Verdier, né au Puy, le relevé de la chapelle Saint-Michel-d'Aiguilles; enfin, M. Herts, une esquisse prise à Châteldon.

A la section de gravure, il faut citer avec éloges, les six eaux fortes originales, *en Bresse,* de M. François Reynaud, né à Bourdon; les gravures sur bois, d'après Ribot, de M. Julien Tinayre, né à Issoire; la lithographie, *Un compagnon potier,* de M. Victor Roussel, né à Clermont.

Mentionnons aussi une lithographie de Mlle Favier, née à Vichy, dont on n'a pas oublié le beau portrait de l'an passé; le portrait de M. Guyot, d'après Costilhes, par M. Gustave d'Harlingue; et la reproduction à l'eau-forte, par Mlle Henriette Lecocq, de la Marine de M. Charles Cottet, déjà citée plus haut.

Il nous reste à parler des sculpteurs.

Allons devant le superbe bas-relief en marbre, destiné au tombeau de Charles Chaplin, œuvre du jeune et déjà célèbre artiste, Denys Puech. Une belle femme, harmonieusement drapée, tenant à la main une palette couronnée de roses, personnifie la peinture voluptueuse et fine du maître, qui a donné la vie à tant de figures souriantes et charmantes. Au-dessus d'elle et comme protégée par elle, la tête expressive de Chaplin semble sortir du marbre pour lui sourire. Voilà une composition de premier ordre, originale, après tant d'œuvres du même genre, depuis cette *Jeunesse* qui orne le monument d'Henry Regnault.

Les bustes de M. Mombur, l'un en marbre comme il convient à une figure de femme, l'autre en bronze comme il sied à un homme, sont dignes de l'ébauchoir de l'auteur de la *Paysanne d'Auvergne* et de *Baiser filial*.

M. Coulon, l'artiste du monument de Théodore de Banville, que la ville de Moulins vient d'inaugurer, a exposé une délicate statuette en bronze, l'Aurore. La jolie femme qui la symbolyse, est légèrement vêtue de gaze et tient d'une main une fleur de volubilis dans laquelle elle boit la rosée du matin. C'est gracieux et nouveau. M. Coulon figure aussi dans une vitrine de la section de l'Art décoratif. Il y a exposé des vases et des plats ornés de sujets élégants représentant la Vigne, la Nuit, une Bacchante.

La figure jeune, énergique, franche, à la moustache militaire du comte de Mun, a inspiré à M. Besquout, né au Puy, un buste en marbre des plus remarqués. Signalons aussi le buste, en terre cuite, de M. Aubin, par M. Emmanuel Descomps, né à Clermont-Ferrand.

Le groupe en plâtre de M. Baujault nous a vivement intéressé. Il représente l'éducation du héros arverne, Vercingétorix. Le fils de Celtill n'a qu'une douzaine d'années. Il est joli comme une fille, sous ses cheveux abondants déjà noués au-dessus du front pour porter le casque, et tient, d'une main encore débile, le trait qu'il s'exerce à lancer contre la louve surmontant les enseignes romaines. Il est guidé dans ce jeu patriotique par un vieux guerrier qui lui montre le but où sont tracées les quatre lettres menaçantes : S. P. Q. R., *Senactus populusque Romanus*.

Nous finirons en applaudissant au succès d'un jeune sculpteur d'avenir, M. Champeil, qui vient d'obtenir une médaille de troisième classe. Les deux œuvres qu'il expose méritent bien cette récompense. Elles prouvent qu'il a, en même temps, la force et la grâce.

Le buste en bronze de Tyssandier d'Escous, commandé par la ville de Salers pour son monument, est exécuté par le jeune artiste avec une rare puissance d'expression. La tête est mâle, énergique, avec la barbe de fleuve tombant sur la large poitrine. Le Cantal, s'il en a beaucoup comme celui-là, doit être fier de pareils hommes.

Rien, au contraire, de délicat, de charmant et de gracieux comme la statue en plâtre de Narcisse. Le bel éphèbe est représenté dans une pose naturelle, sans recherche, au moment où il se penche sur l'eau pour voir son image. Appuyé sur la jambe droite repliée, il tend la gauche dans un mouvement harmonieux. Son corps gracile est finement étudié. De la main droite il relève ses longs cheveux qui l'empêchent de voir, et de la gauche il soulève une touffe de roseaux pour que le miroir soit plus pur. La tête est jolie, un peu surprise. L'ensemble est ravissant de douceur et d'ingénuité. Il nous fait songer au poème élégant de Malfilâtre et non au bellâtre vulgaire qui représente ordinairement le fils de Céphise.

Paris, 10 juin 1896.

Clermont-Ferrand, imprimerie Mont-Louis, rue Barbançon.

CLERMONT-FERRAND. — TYPOGRAPHIE G. MONT-LOUIS.